Impressum
Verlag: BABADADA GmbH, Nedderfeld 112 , 22529 Hamburg
Geschäftsführer / Verlagsleitung: Harald Hof
Druck: Books on Demand GmbH, In de Tarpen 42, 22848 Norderstedt

Imprint
Publisher: BABADADA GmbH, Nedderfeld 112 , 22529 Hamburg, Germany
Managing Director / Publishing direction: Harald Hof
Print: Books on Demand GmbH, In de Tarpen 42, 22848 Norderstedt

skóli
school

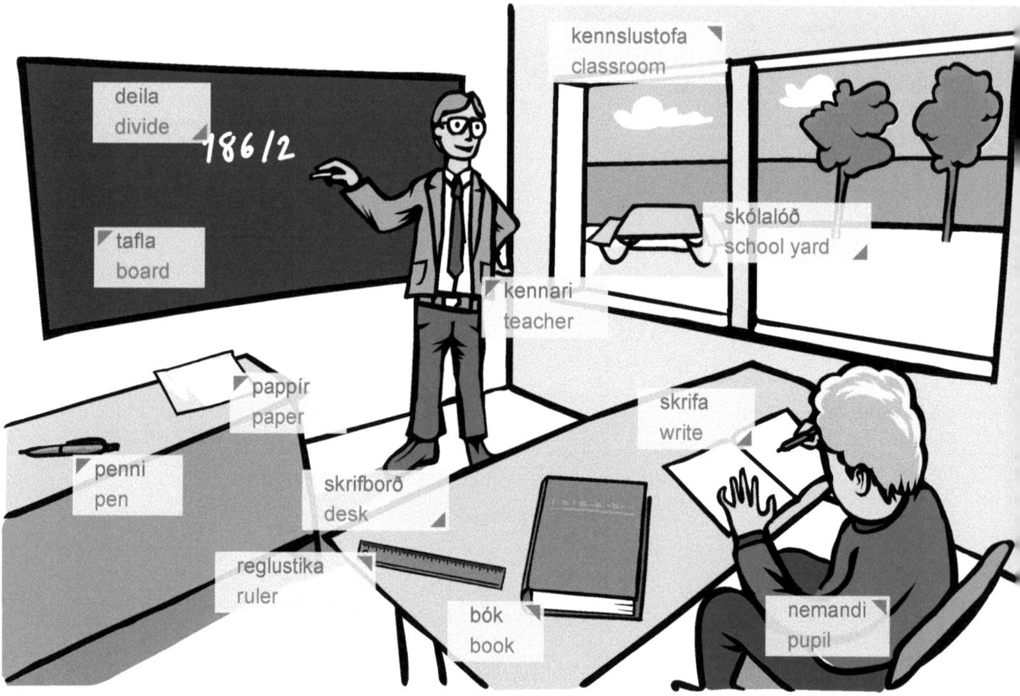

kennslustofa
classroom
deila
divide
186/2
tafla
board
skólalóð
school yard
kennari
teacher
pappír
paper
skrifa
write
penni
pen
skrifborð
desk
reglustika
ruler
bók
book
nemandi
pupil

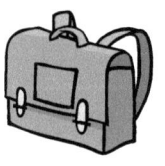

skólataska

satchel

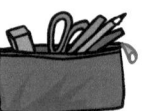

pennaveski

pencil case

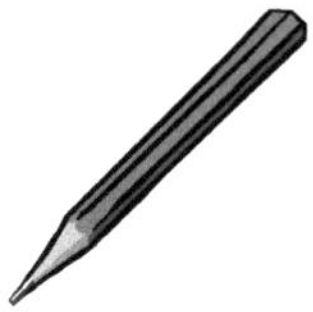

blýantur

pencil

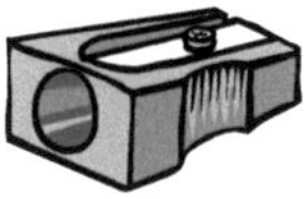

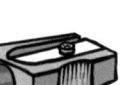

yddari

pencil sharpener

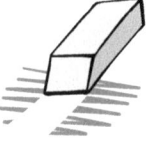

strokleður

rubber

teikniblað

drawing pad

teikning

drawing

pensill

paintbrush

litakassi

paint box

skæri

scissors

lím

glue

æfingabók

exercise book

heimavinna

homework

númer

number

2+2

leggja saman

add

5-2

draga frá

subtract

margfalda

multiply

reikna

calculate

bréf

letter

ABCDEFG
HIJKLMN
OPQRSTU
VWXYZ

stafróf

alphabet

orð

word

texti

text

lesa

read

krít

chalk

kennslustund

lesson

kladdi

register

próf

exam

vottorð

certificate

skólabúningur

school uniform

menntun

education

alfræðirit

encyclopedia

háskóli

university

smásjá

microscope

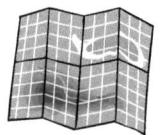

kort

map

ruslakarfa

waste-paper basket

ferðalög
travel

Grand
hótel
hotel
farfuglaheimili
hostel
ROOMS
gjaldeyrisskipti
bureau de change
EXCHANGE
ferðataska
suitcase
bíll
car

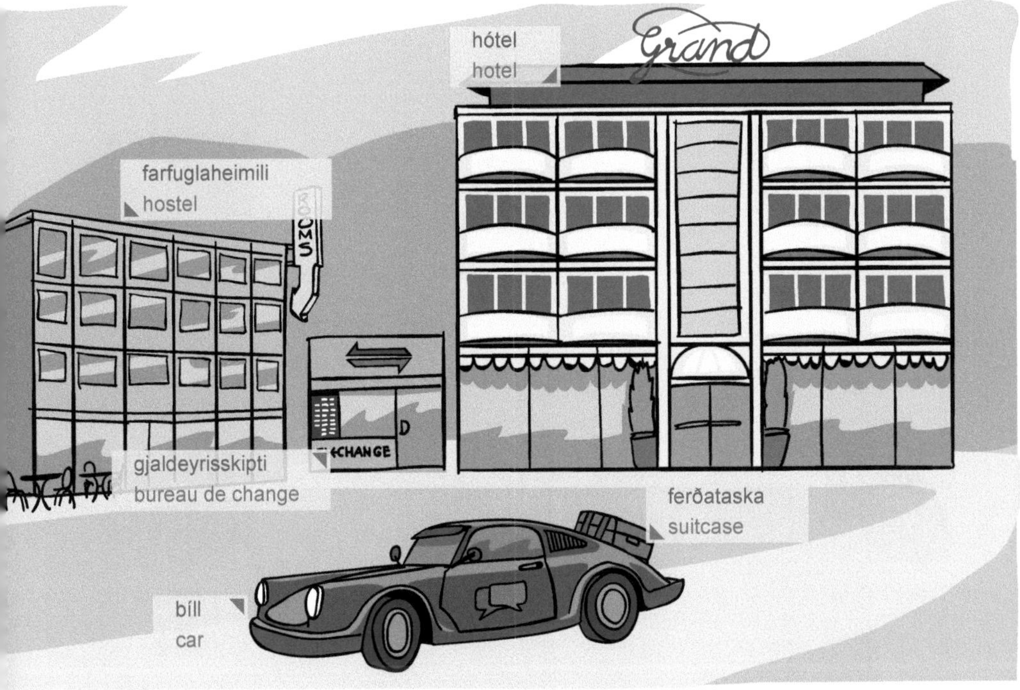

tungumál

language

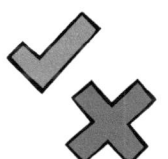

já / nei

yes / no

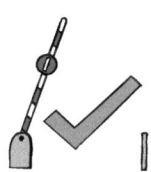

allt í lagi

Okay

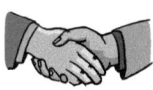

halló

hello

þýðandi

translator

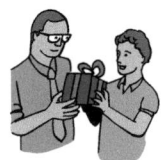

takk fyrir

Thank you

hvað kostar…?

how much is…?

Ég skil ekki

I do not understand

vandamál

problem

Gott kvöld!

Good evening!

Góðan dag!

Good morning!

Góða nótt!

Good night!

bless bless

bye bye

átt

direction

farangur

luggage

taska

bag

bakpoki

backpack

gestur

guest

herbergi

room

svefnpoki

sleeping bag

tjald

tent

upplýsingamiðstöð

tourist information

strönd

beach

kreditkort

credit card

morgunverður

breakfast

hádegisverður

lunch

kvöldmatur

dinner

farmiði

ticket

lyfta

lift

frímerki

stamp

landamæri

border

tollur

customs

sendiráð

embassy

vegabréfsáritun

visa

vegabréf

passport

samgöngur
transport

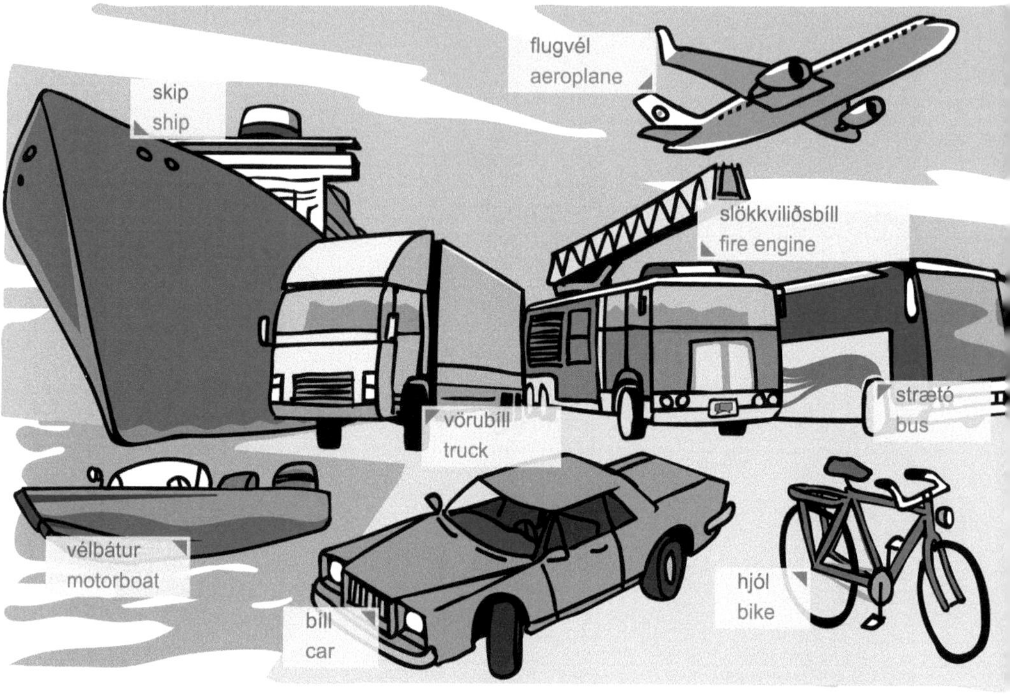

skip
ship
flugvél
aeroplane
slökkviliðsbíll
fire engine
vörubíll
truck
strætó
bus
vélbátur
motorboat
bíll
car
hjól
bike

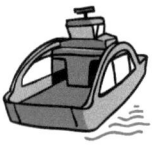

ferja

ferry

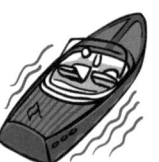

bátur

boat

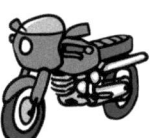

mótorhjól

motorbike

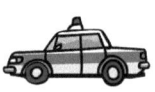

lögreglubíll

police car

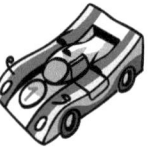

kappakstursbíll

racing car

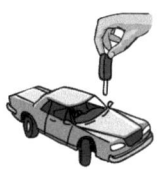

bílaleigubíll

rental car

bílasamneyti

car sharing

dráttarbíll

breakdown truck

öskubíll

refuse truck

vél

motor

eldsneyti

fuel

bensínstöð

petrol station

umferðarskilti

traffic sign

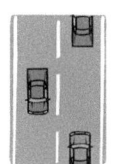

umferð

traffic

umferðarteppa

traffic jam

bílastæði

car park

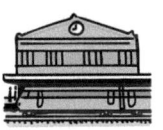

lestarstöð

train station

járnbrautarteinar

tracks

lest

train

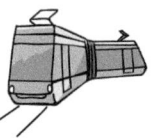

sporvagn

tram

vagn

carriage

þyrla

helicopter

flugvöllur

airport

turn

tower

farþegi

passenger

gámur

container

pappakassi

carton

kerra

cart

karfa

basket

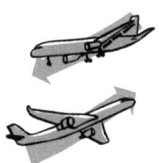

takast á loft / lenda

take off / land

borg
city

þorp

village

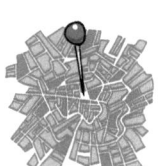

miðbær

city centre

hús

house

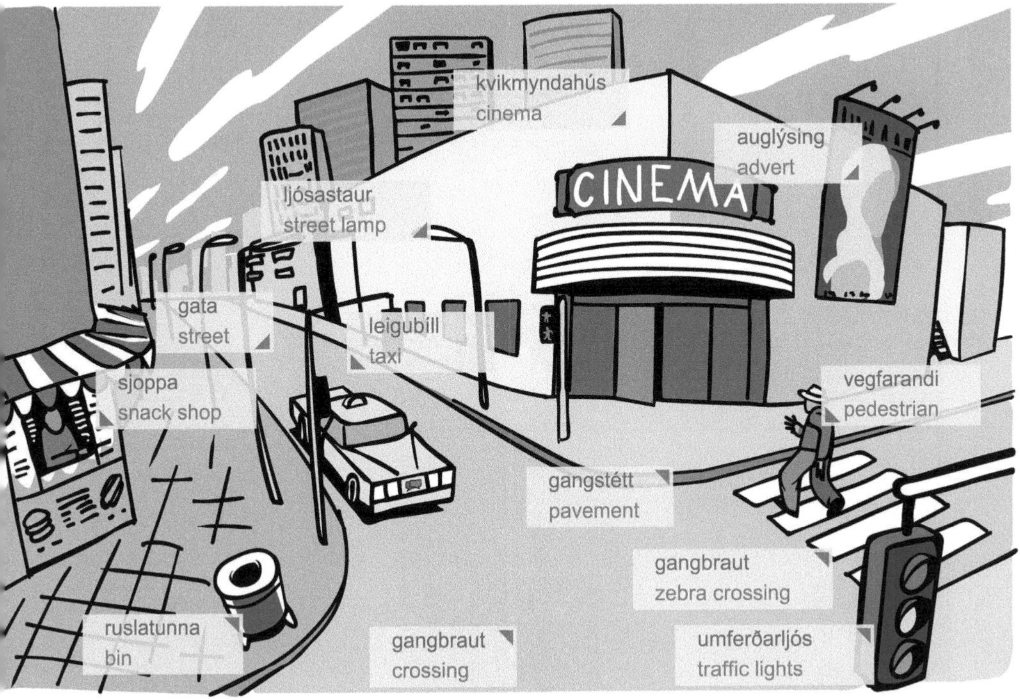

kvikmyndahús
cinema

auglýsing
advert

ljósastaur
street lamp

CINEMA

gata
street

leigubíll
taxi

sjoppa
snack shop

vegfarandi
pedestrian

gangstétt
pavement

gangbraut
zebra crossing

ruslatunna
bin

gangbraut
crossing

umferðarljós
traffic lights

skáli

hut

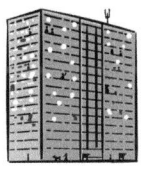

íbúð

flat

lestarstöð

train station

ráðhús

town hall

safn

museum

skóli

school

háskóli

university

banki

bank

sjúkrahús

hospital

hótel

hotel

apótek

pharmacy

skrifstofa

office

bókabúð

book shop

búð

shop

blómabúð

florist's

kjörbúð

supermarket

markaður

market

stórmarkaður

department store

fiskbúð

fishmonger's

verslunarmiðstöð

shopping centre

höfn

harbour

almenningsgarður

park

bekkur

bench

brú

bridge

stigi

stairs

neðanjarðarlest

underground

göng

tunnel

biðstöð

bus stop

bar

bar

veitingastaður

restaurant

póstkassi

postbox

götuskilti

street sign

stöðumælir

parking meter

dýragarður

zoo

sundlaug

swimming pool

moska

mosque

bær
....
farm

mengun
....
pollution

kirkjugarður
....
graveyard

kirkja
....
church

leiksvæði
....
playground

musteri
....
temple

landslag
landscape

laufblað
leaf

leiðarvísir
signpost

leið
way

engi
meadow

steinn
stone

göngufólk
hiker

tré
tree

á
river

gras
grass

blóm
flower

dalur

valley

hæð

hill

stöðuvatn

lake

skógur

forest

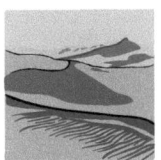

eyðimörk

desert

eldfjall

volcano

kastali

castle

regnbogi

rainbow

sveppur

mushroom

pálmatré

palm tree

moskítófluga

mosquito

fluga

fly

maur

ant

býfluga

bee

kónguló

spider

landslag - landscape

bjalla

beetle

froskur

frog

íkorni

squirrel

broddgöltur

hedgehog

héri

hare

ugla

owl

fugl

bird

svanur

swan

villisvín

boar

dádýr

deer

elgur

moose

stífla

dam

vindmylla

wind turbine

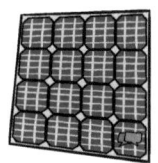

sólarrafhlaða

solar panel

loftslag

climate

veitingastaður
restaurant

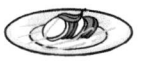

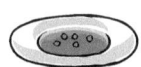

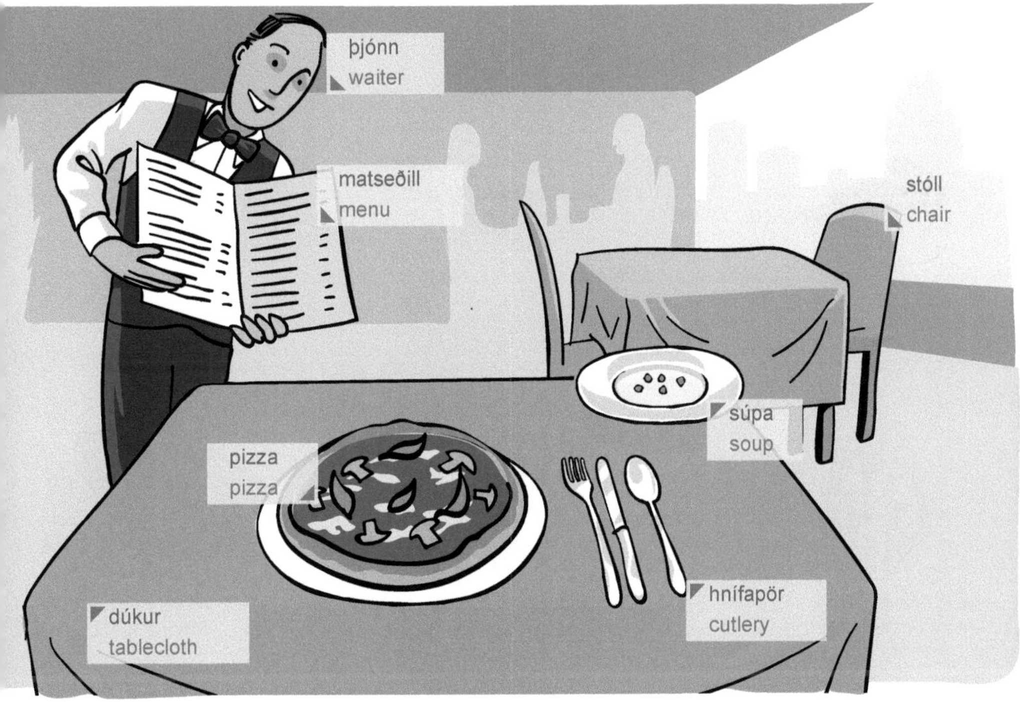

þjónn
waiter
matseðill
menu
stóll
chair
súpa
soup
pizza
pizza
dúkur
tablecloth
hnífapör
cutlery

forréttur

starter

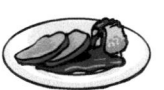

aðalréttur

main course

eftirréttur

dessert

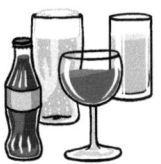

drykkir

drinks

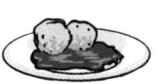

matur

food

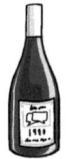

flaska

bottle

skyndibiti

fast food

götumatur

street food

teketill

teapot

sykurskál

sugar bowl

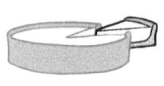

skammtur

portion

espressovél

espresso machine

barnastóll

high chair

reikningur

bill

bakki

tray

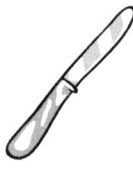

hnífur

knife

gaffall

fork

skeið

spoon

teskeið

teaspoon

servíetta

serviette

glas

glass

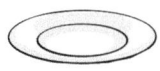

diskur

plate

súpudiskur

soup plate

undirskál

saucer

sósa

sauce

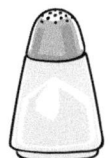

saltstaukur

salt pot

piparkvörn

pepper mill

edik

vinegar

olía

oil

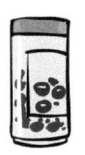

krydd

spices

tómatsósa

ketchup

sinnep

mustard

majónes

mayonnaise

kjörbúð
supermarket

tilboð
special offer
FOR
viðskiptavinur
customer
mjólkurvörur
dairy
búðarkerra
trolley
ávöxtur
fruit

BUTCHERS

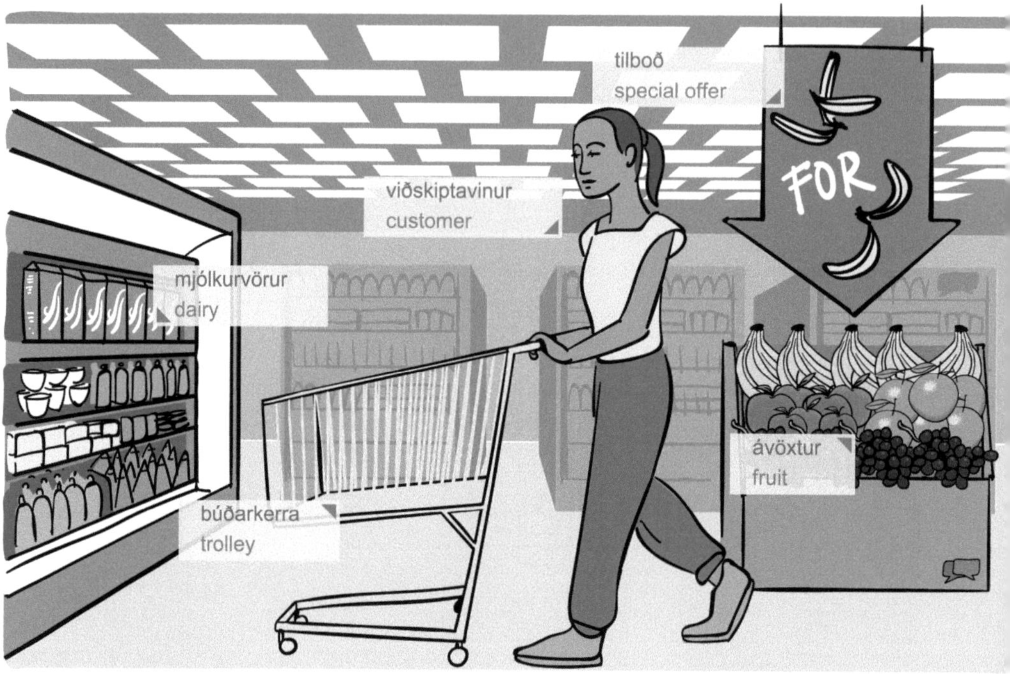

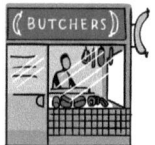

slátrari

butcher´s

BAKERY

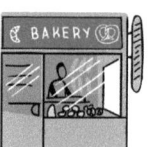

bakarí

baker´s

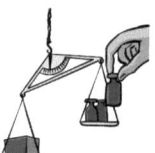

vega

weigh

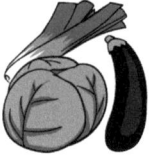

grænmeti

vegetables

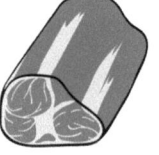

kjöt

meat

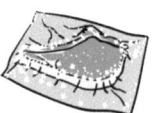

frosinn matur

frozen food

kjötálegg

cold meat

niðursoðinn matur

tinned food

þvottaefni

washing powder

sælgæti

sweets

vörur til heimilisnota

household products

hreinsiefni

cleaning products

afgreiðslukona

salesperson

afgreiðslukassi

till

gjaldkeri

cashier

innkaupalisti

shopping list

opnunartímar

opening hours

veski

wallet

kreditkort

credit card

poki

bag

plastpoki

plastic bag

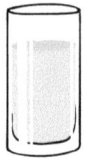

vatn

water

safi

juice

mjólk

milk

kók

coke

vín

wine

bjór

beer

áfengi

alcohol

kakó

cocoa

te

tea

kaffi

coffee

espresso

espresso

kaffi

cappuccino

banani

banana

epli

apple

appelsínugulur

orange

melóna

melon

sítróna

lemon

gulrót

carrot

hvítlaukur

garlic

bambus

bamboo

laukur

onion

sveppir

mushroom

hnetur

nuts

núðlur

noodles

spagettí

spaghetti

hrísgrjón

rice

salat

salad

franskar kartöflur

chips

steiktar kartöflur

fried potatoes

pizza

pizza

hamborgari

hamburger

samloka

sandwich

snitsel

cutlet

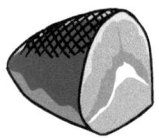

skinka

ham

salami

salami

pylsa

sausage

kjúklingur

chicken

steik

roast

fiskur

fish

matur - food

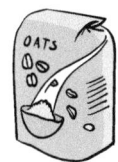

haframjöl

porridge oats

múslí

muesli

kornflögur

cornflakes

hveiti

flour

franskt horn

croissant

smábrauð

bread roll

brauð

bread

ristað brauð

toast

kex

biscuits

smjör

butter

ystingur

curd

kaka

cake

egg

egg

spælt egg

fried egg

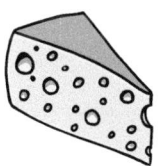

ostur

cheese

matur - food

ís

ice cream

sykur

sugar

hunang

honey

sulta

jam

súkkulaðiálegg

chocolate spread

karrý

curry

matur - food

bær
farm

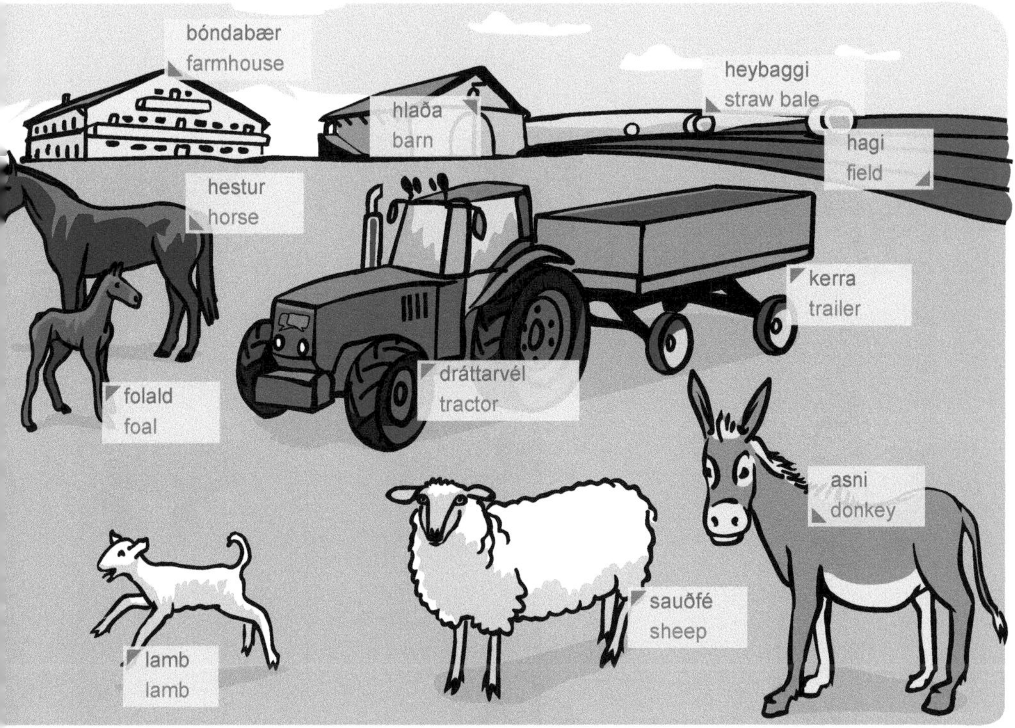
bóndabær
farmhouse
hlaða
barn
heybaggi
straw bale
hagi
field
hestur
horse
kerra
trailer
dráttarvél
tractor
folald
foal
asni
donkey
sauðfé
sheep
lamb
lamb

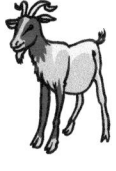

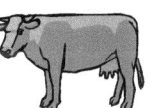

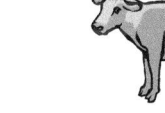

geit
goat

kýr
cow

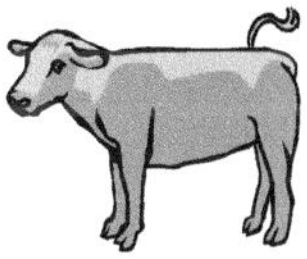

kálfur
calf

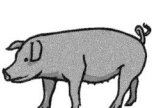

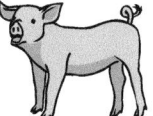

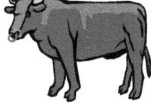

svín
pig

grís
piglet

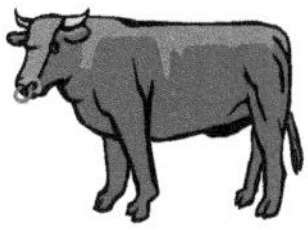

naut
bull

gæs

goose

önd

duck

ungi

chick

hæna

hen

hani

cock

rotta

rat

köttur

cat

mús

mouse

uxi

ox

hundur

dog

hundakofi

doghouse

garðslanga

garden hose

garðkanna

watering can

ljár

scythe

plógur

plough

sigð
sickle

hlújárn
hoe

heygaffall
pitchfork

öxi
axe

hjólbörur
wheelbarrow

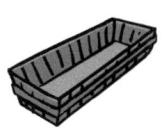

trog
trough

mjólkurfata
milk can

poki
sack

girðing
fence

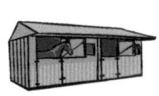

gripahús
stable

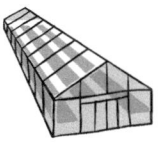

gróðurhús
greenhouse

jarðvegur
soil

fræ
seed

áburður
fertilizer

kornskurðarvél
combine harvester

bær - farm

uppskera

harvest

uppskera

harvest

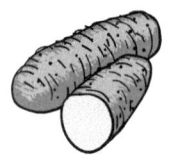

kínverskar kartöflur

yams

hveiti

wheat

soja

soy

kartafla

potato

maís

corn

repja

rapeseed

ávaxtatré

fruit tree

maníókarót

cassava

korn

cereals

bær - farm

hús
house

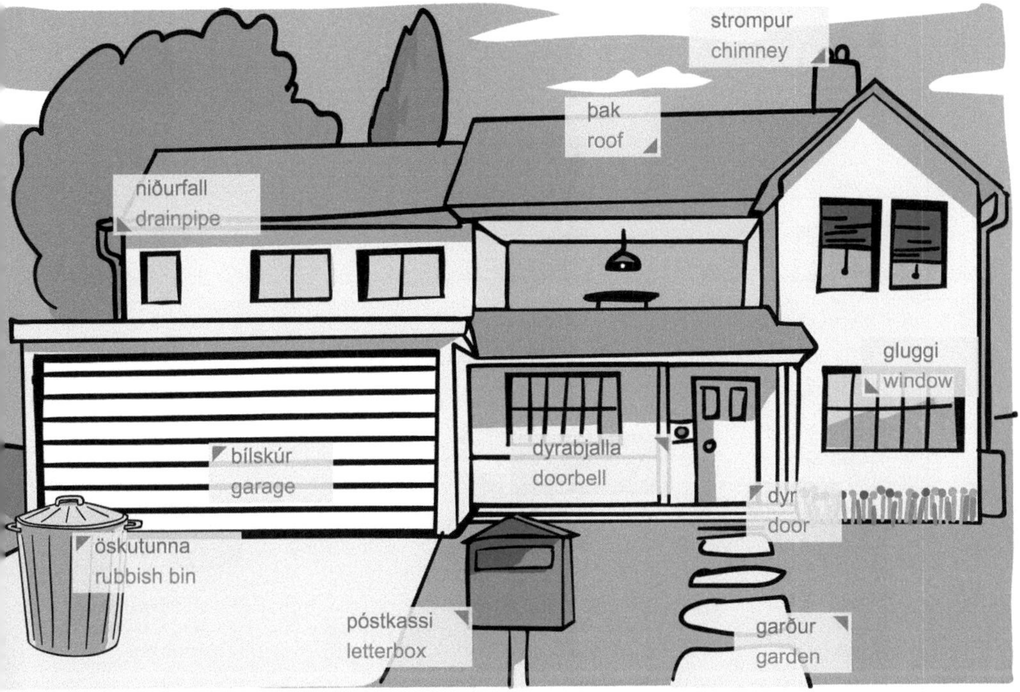

strompur
chimney
þak
roof
niðurfall
drainpipe
gluggi
window
dyrabjalla
doorbell
bílskúr
garage
dyr
door
öskutunna
rubbish bin
póstkassi
letterbox
garður
garden

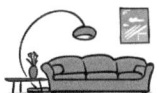

stofa

living room

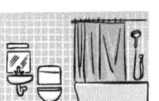

baðherbergi

bathroom

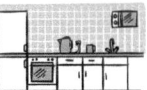

eldhús

kitchen

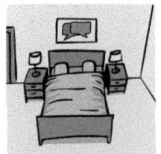

svefnherbergi

bedroom

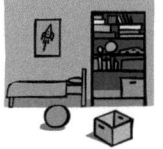

barnaherbergi

child's room

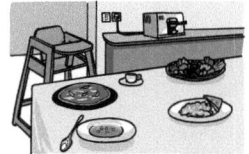

borðstofa

dining room

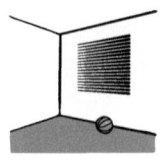

gólf
....
floor

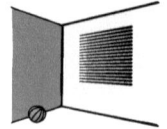

veggur
....
wall

loft
....
ceiling

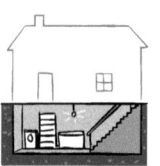

kjallari
....
cellar

gufubað
....
sauna

svalir
....
balcony

verönd
....
terrace

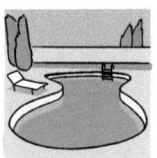

sundlaug
....
pool

sláttuvél
....
lawn mower

lak
....
sheet

rúmteppi
....
bedspread

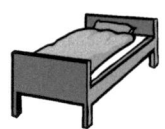

rúm
....
bed

kústur
....
broom

fata
....
bucket

rofi
....
switch

stofa

living room

veggfóður
wallpaper
ljósmynd
picture
lampi
lamp
hilla
shelf
skápur
cupboard
sjónvarp
television
arinn
fireplace
blóm
flower
púði
cushion
sófi
sofa
vasi
vase
fjarstýring
remote control

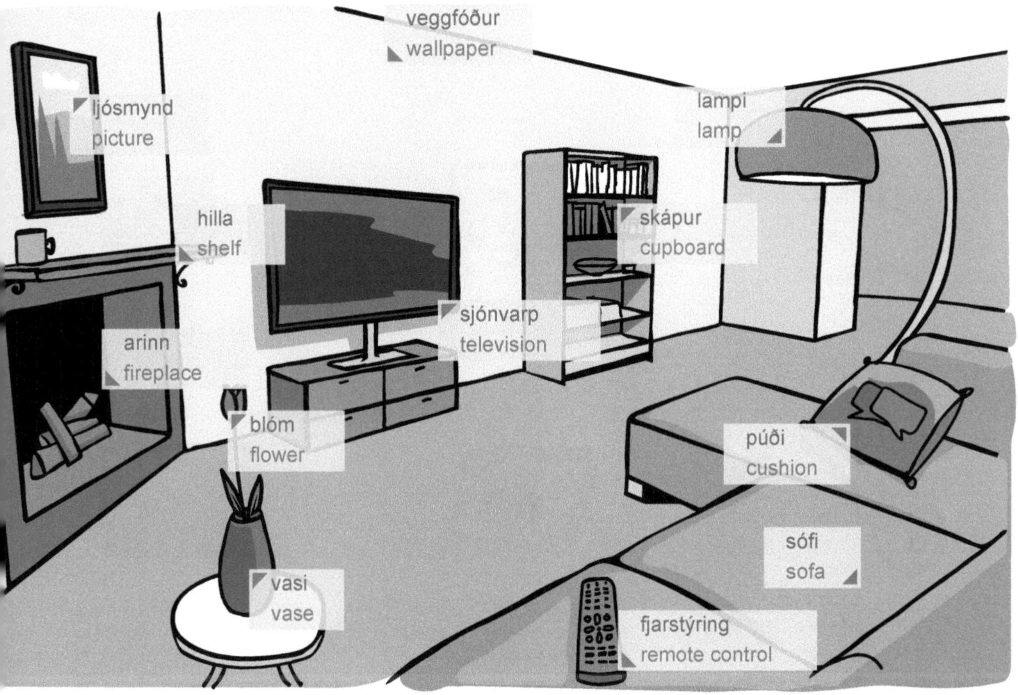

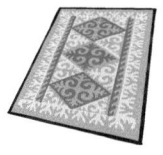

teppi

carpet

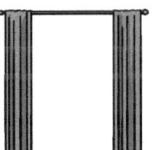

gardínur

curtain

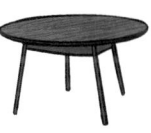

borð

table

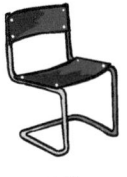

stóll

chair

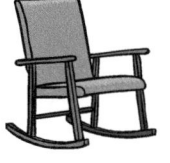

ruggustóll

rocking chair

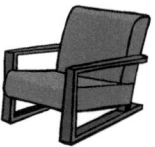

hægindastóll

armchair

bók

book

sæng

blanket

skraut

decoration

eldiviður

firewood

mynd

film

hljómflutningstæki

hi-fi equipment

lykill

key

dagblað

newspaper

málverk

painting

veggspjald

poster

útvarp

radio

minnisbók

notepad

ryksuga

hoover

kaktus

cactus

kerti

candle

eldhús
kitchen

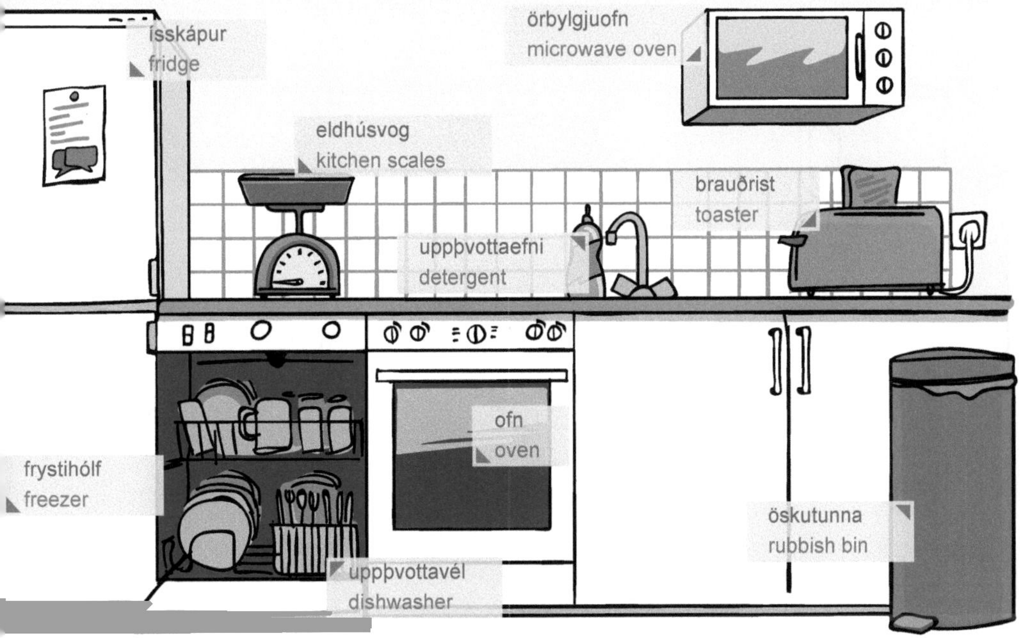
ísskápur
fridge
örbylgjuofn
microwave oven
eldhúsvog
kitchen scales
brauðrist
toaster
uppþvottaefni
detergent
ofn
oven
frystihólf
freezer
öskutunna
rubbish bin
uppþvottavél
dishwasher

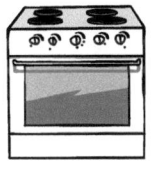

eldavél

cooker

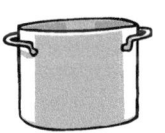

pottur

pot

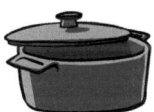

steypujárnspottur

cast-iron pot

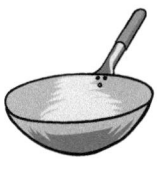

wok/kadai

wok / kadai

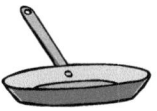

panna

pan

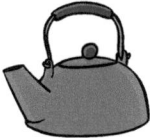

ketill

kettle

gufukarfa

steamer

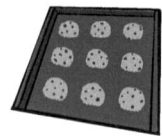

ofnform

baking tray

leirtau

crockery

mál

mug

skál

bowl

prjónar

chopsticks

ausa

ladle

spaði

spatula

pískur

whisk

sigti

strainer

málmsigti

sieve

rifjárn

grater

mortél

mortar

grill

barbecue

opinn eldur

open fire

eldhús - kitchen

skurðarbretti

chopping board

kökukefli

rolling pin

tappatogari

corkscrew

dós

can

dósaopnari

can opener

pottaleppur

pot holder

vaskur

sink

bursti

brush

svampur

sponge

blandari

blender

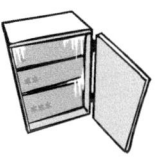

frystir

deep freezer

peli

baby bottle

blöndunartæki

tap

baðherbergi
bathroom

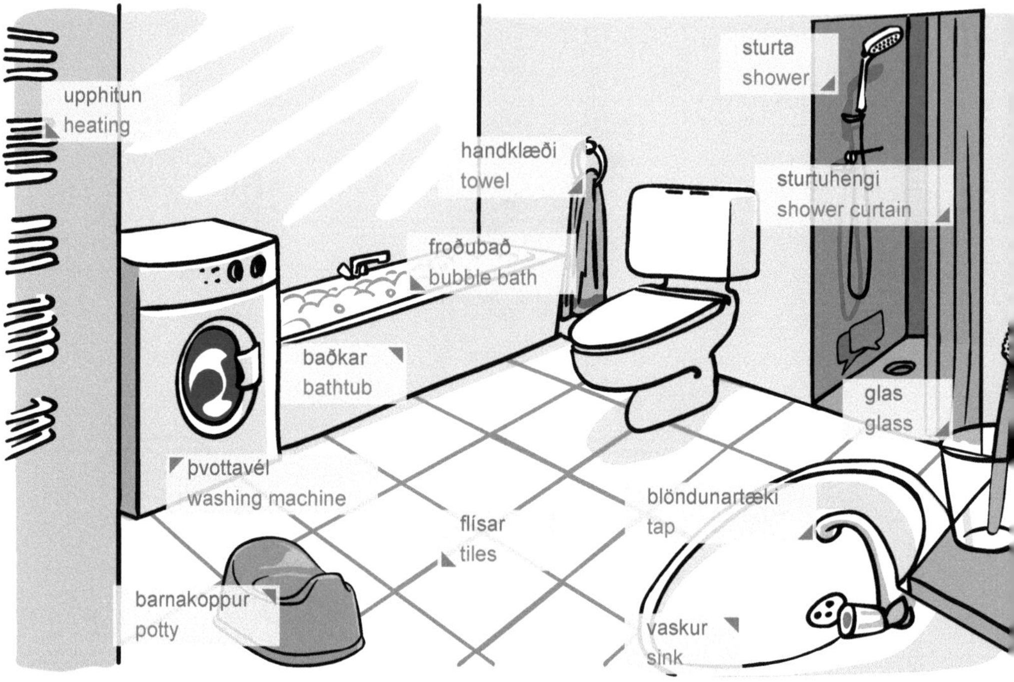

upphitun
heating
sturta
shower
handklæði
towel
sturtuhengi
shower curtain
froðubað
bubble bath
baðkar
bathtub
glas
glass
þvottavél
washing machine
blöndunartæki
tap
flísar
tiles
barnakoppur
potty
vaskur
sink

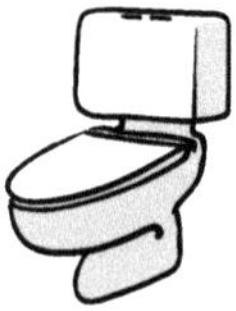

salerni

toilet

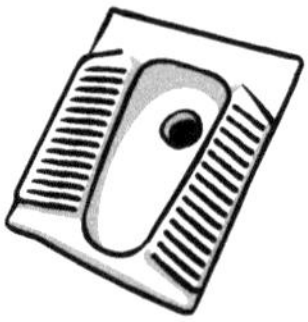

salerni án setu

squat toilet

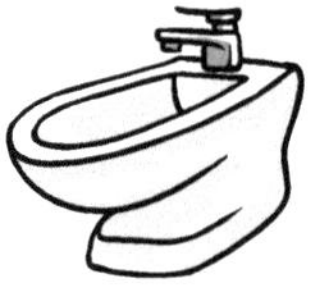

skolskál

bidet

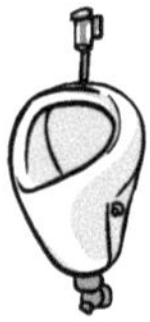

þvagskál

urinal

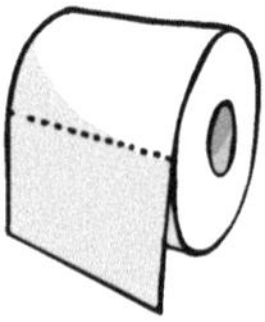

salernispappír

toilet paper

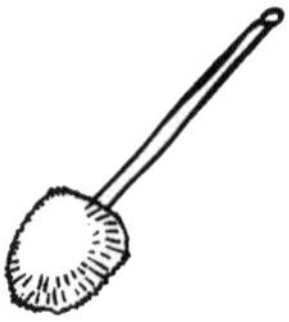

salernisbursti

toilet brush

tannbursti

toothbrush

tannkrem

toothpaste

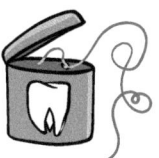

tannþráður

dental floss

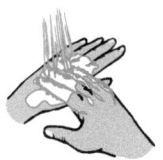

þvo

wash

handsturta

handheld shower

salernissturta

douche

vaskur

basin

bakbursti

back brush

sápa

soap

sturtugel

shower gel

sjampó

shampoo

flannel

flannel

niðurfall

drain

krem

cream

svitalyktareyðir

deodorant

spegill

mirror

handspegill

hand mirror

rakskafa

razor

raksápa

shaving foam

rakspíri

aftershave

greiða

comb

bursti

brush

hárþurrka

hair dryer

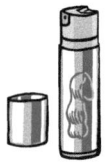

hársprey

hairspray

farði

makeup

varalitur

lipstick

naglalakk

nail varnish

bómull

cotton wool

naglaklippur

nail scissors

ilmvatn

perfume

þvottapoki

washbag

kollur

stool

vog

weighing scale

sloppur

bathrobe

gúmmíhanskar

rubber gloves

tíðatappi

tampon

dömubindi

sanitary towel

efnasalerni

chemical toilet

barnaherbergi
child's room

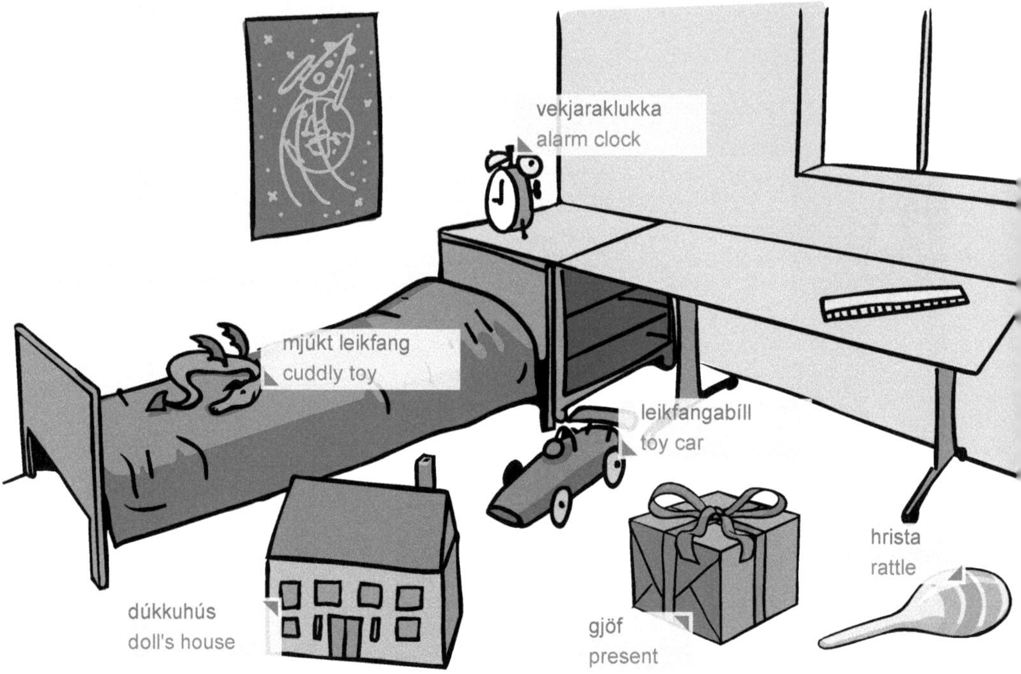
vekjaraklukka
alarm clock
mjúkt leikfang
cuddly toy
leikfangabíll
toy car
hrista
rattle
dúkkuhús
doll's house
gjöf
present

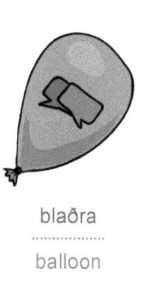

blaðra

balloon

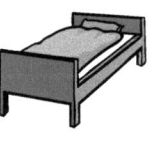

rúm

bed

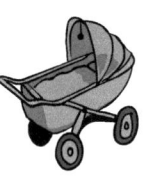

barnavagn

pram

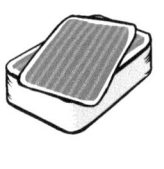

spilastokkur

deck of cards

púsluspil

jigsaw

SUPER MEGA

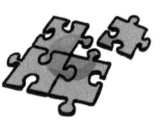

myndasaga

comic

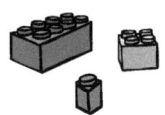

legókubbar

lego bricks

leikfangakubbar

building blocks

leikfangakall

action figure

samfestingur

babygrow

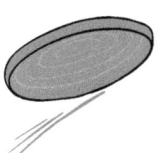

Frisbídiskur

frisbee

órói

mobile

spilaborð

board game

teningar

dice

lestarlíkan

model train set

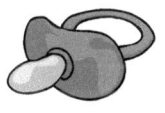

snuð

dummy

veisla

party

myndabók

picture book

bolti

ball

brúða

doll

spila

play

sandkassi

sandpit

sveifla

swing

leikföng

toys

leikjatölva

video game console

þríhjól

tricycle

bangsi

teddy bear

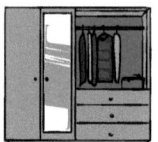

fataskápur

wardrobe

föt

clothing

sokkar

socks

kvensokkabuxur

stockings

sokkabuxur

tights

trefill
scarf

regnhlíf
umbrella

stuttermabolur
t-shirt

belti
belt

skór
boots

inniskór
slippers

strigaskór
trainers

sandalar
....
sandals

skór
....
shoes

gúmmístígvél
....
rubber boots

nærbuxur
....
underpants

brjóstahaldari
....
bra

vesti
....
vest

föt - clothing

samfella

body

buxur

trousers

gallabuxur

jeans

pils

skirt

blússa

blouse

skyrta

shirt

peysa

pullover

hettupeysa

hoodie

jakki

blazer

jakki

jacket

frakki

coat

regnfrakki

raincoat

dragt

costume

kjóll

dress

brúðarkjóll

wedding dress

jakkaföt

suit

náttkjóll

nightgown

náttföt

pyjamas

Sari

sari

höfuðslæða

headscarf

túrban

turban

búrka

burqa

kaftan

kaftan

abaya

abaya

sundföt

swimsuit

sundbuxur

trunks

stuttbuxur

shorts

íþróttagalli

tracksuit

svunta

apron

hanskar

gloves

hnappur

button

gleraugu

glasses

armband

bracelet

hálsmen

necklace

hringur

ring

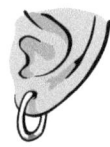

eyrnalokkur

earring

húfa

cap

herðatré

coat hanger

hattur

hat

bindi

tie

rennilás

zip

hjálmur

helmet

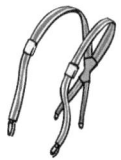

axlabönd

braces

skólabúningur

school uniform

einkennisbúningur

uniform

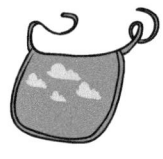

smekkur

bib

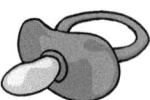

snuð

dummy

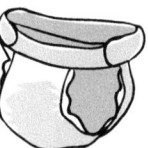

bleyja

nappy

skrifstofa
office

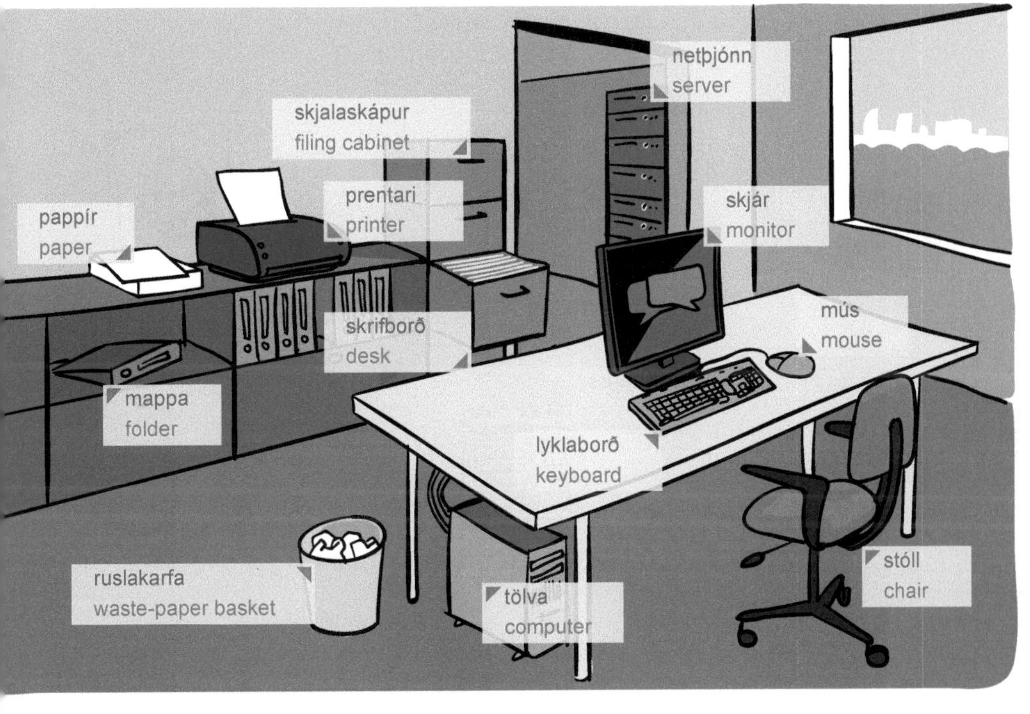
netþjónn
server
skjalaskápur
filing cabinet
prentari
printer
pappír
paper
skjár
monitor
mús
mouse
skrifborð
desk
mappa
folder
lyklaborð
keyboard
ruslakarfa
waste-paper basket
tölva
computer
stóll
chair

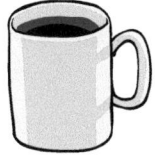

kaffibolli

coffee mug

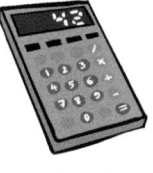

reiknivél

calculator

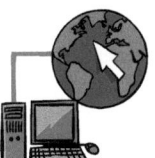

internet

internet

fartölva

laptop

bréf

letter

skilaboð

message

farsími

mobile

net

network

ljósritunarvél

photocopier

hugbúnaður

software

sími

telephone

innstunga

plug socket

faxtæki

fax machine

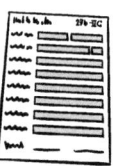

eyðublað

form

skjal

document

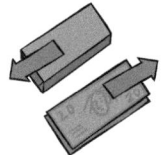

kaupa

buy

borga

pay

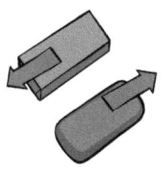

versla

trade

peningar

money

dollari

dollar

evra

euro

jen

yen

rúbla

rouble

svissneskur franki

Swiss franc

renminbi yuan

renminbi yuan

rúpíur

rupee

hraðbanki

cashpoint

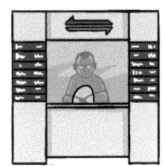

gjaldeyrisskipti

bureau de change

gull

gold

silfur

silver

olía

oil

orka

energy

verð

price

samningur

contract

skattur

tax

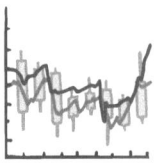

hlutabréf

stock

vinna

work

starfsmaður

employee

vinnuveitandi

employer

verksmiðja

factory

búð

shop

starfsgreinar
occupations

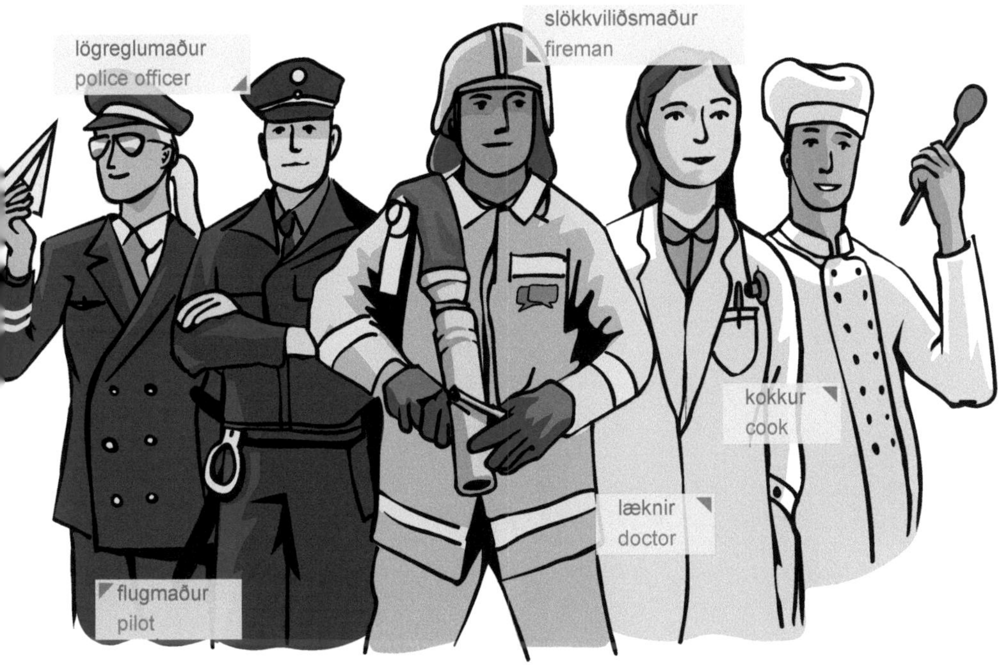

lögreglumaður
police officer
slökkviliðsmaður
fireman
kokkur
cook
læknir
doctor
flugmaður
pilot

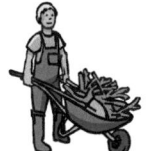

garðyrkjumaður

gardener

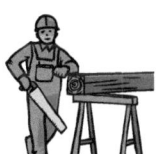

smiður

carpenter

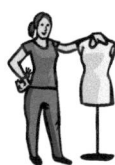

saumakona

seamstress

dómari

judge

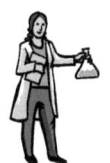

lyfjafræðingur

chemist

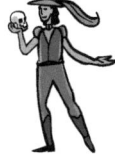

leikari

actor

strætóbílstjóri

bus driver

leigubílstjóri

taxi driver

sjómaður

fisherman

ræstitæknir

cleaning lady

þaksmiður

roofer

þjónn

waiter

veiðimaður

hunter

málari

painter

bakari

baker

rafvirki

electrician

byggingaverkamaður

builder

verkfræðingur

engineer

slátrari

butcher

pípari

plumber

póstmaður

postman

hermaður	arkitekt	gjaldkeri
soldier	architect	cashier

blómasali	hárgreiðslumaður	lestarstjóri
florist	hairdresser	conductor

vélvirki	skipstjóri	tannlæknir
mechanic	captain	dentist

vísindamaður	rabbíi	Imam
scientist	rabbi	imam

munkur	prestur	
monk	clergyman	

verkfæri
tools

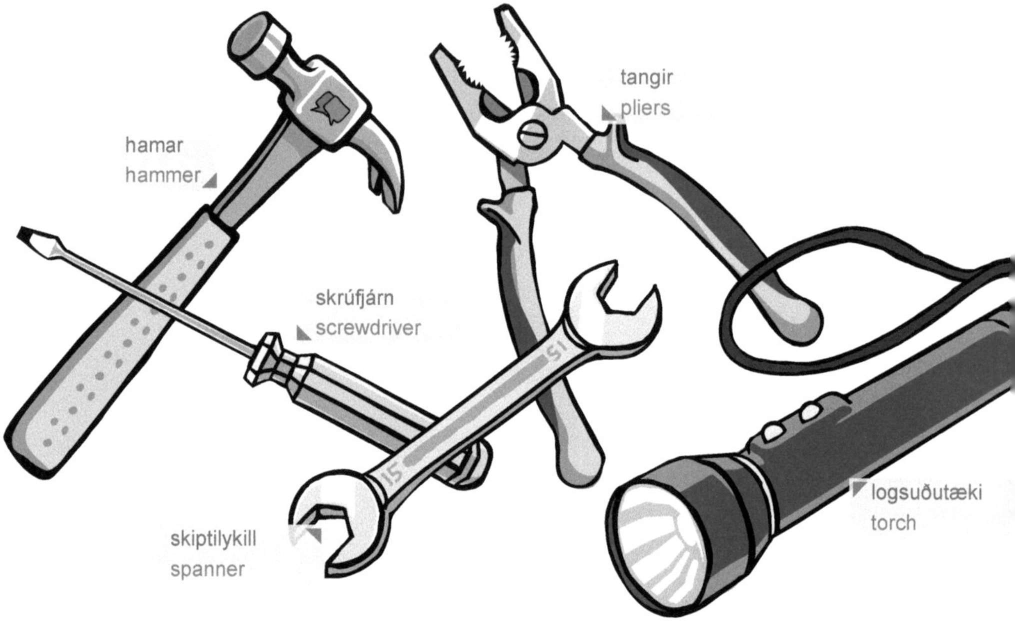

tangir
pliers
hamar
hammer
skrúfjárn
screwdriver
skiptilykill
spanner
logsuðutæki
torch

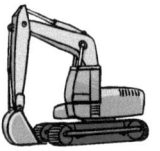

grafa
digger

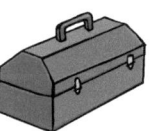

verkfærataska
toolbox

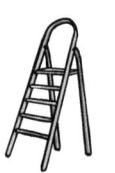

stigi
ladder

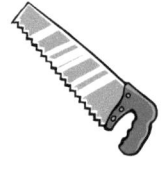

sög
saw

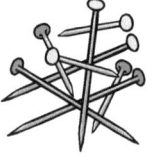

naglar
nails

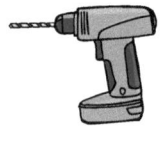

bor
drill

gera við
repair

skófla
shovel

Fjandinn!
Damn!

fægiskófla
dustpan

málningarfata
paint pot

skrúfur
screws

hljóðfæri
musical instruments

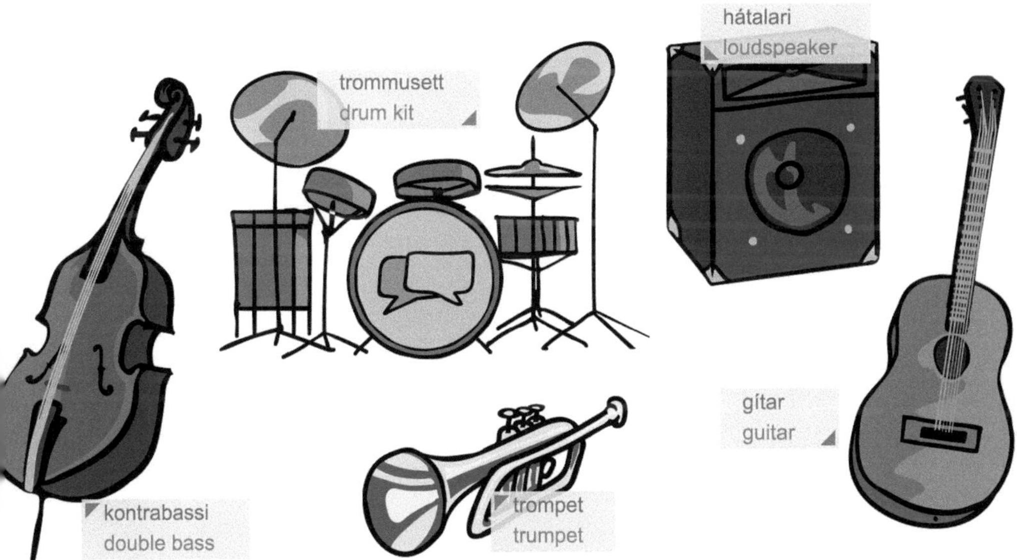

hátalari
loudspeaker

trommusett
drum kit

gítar
guitar

kontrabassi
double bass

trompet
trumpet

píanó

piano

fiðla

violin

bassi

bass

pákur

timpani

trommur

drums

hljómborð

keyboard

saxófónn

saxophone

flauta

flute

hljóðnemi

microphone

dýragarður

zoo

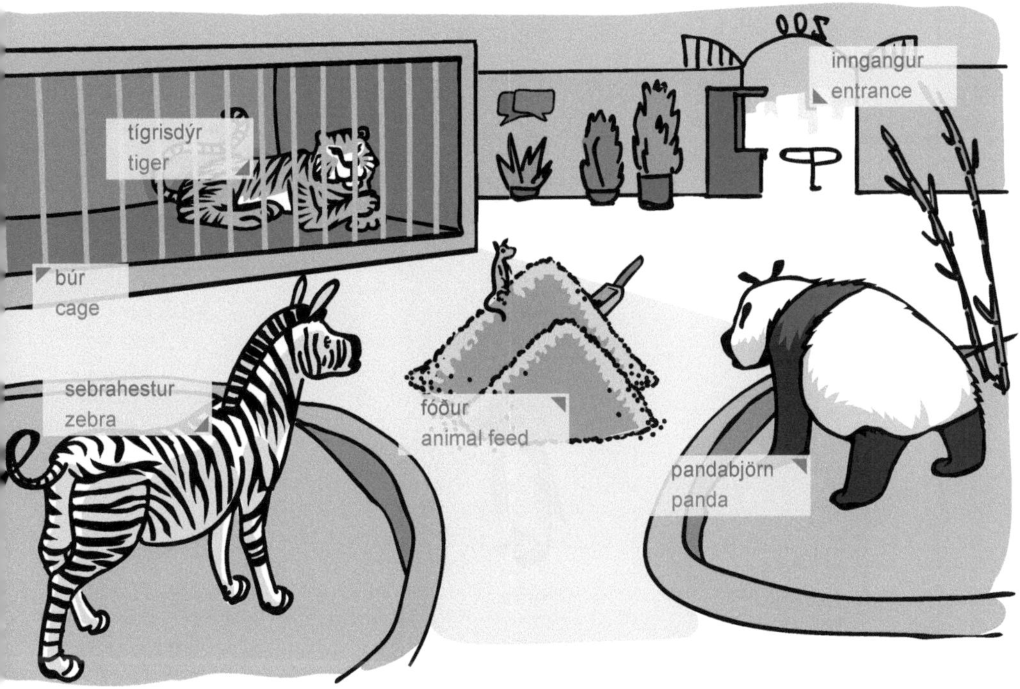

zoo
inngangur
entrance
tígrisdýr
tiger
búr
cage
sebrahestur
zebra
fóður
animal feed
pandabjörn
panda

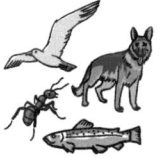

dýr

animals

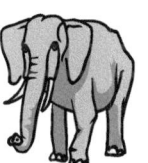

fíll

elephant

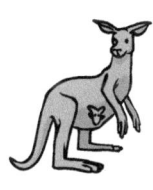

kengúra

kangaroo

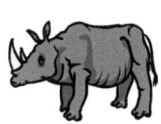

nashyrningur

rhino

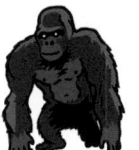

górilla

gorilla

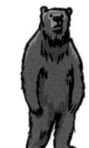

skógarbjörn

bear

úlfaldi

camel

strútur

ostrich

ljón

lion

api

monkey

flamingó

flamingo

páfagaukur

parrot

ísbjörn

polar bear

mörgæs

penguin

hákarl

shark

páfugl

peacock

snákur

snake

krókódíll

crocodile

dýragarðsvörður

zookeeper

selur

seal

jagúar

jaguar

hestur
pony

hlébarði
leopard

flóðhestur
hippo

gíraffi
giraffe

örn
eagle

villisvín
boar

fiskur
fish

skjaldbaka
turtle

rostungur
walrus

refur
fox

gasella
gazelle

Amerískur fótbolti
American football

hjólreiðar
cycling

tennis
tennis

körfubolti
basketball

sund
swimming

hnefaleikar
boxing

íshokkí
ice hockey

fótbolti
football

hnit
badminton

frjálsar íþróttir
athletics

handbolti
handball

skíði
skiing

póló
polo

hlæja
laugh

hoppa
jump

faðma
hug

ganga
walk

syngja
sing

dreyma
dream

biðja
pray

kyssa
kiss

skrifa
write

teikna
draw

sýna
show

ýta
push

gefa
give

taka
take

hafa

have

gera

do

vera

be

standa

stand

hlaupa

run

draga

pull

kasta

throw

detta

fall

ljúga

lie

bíða

wait

bera

carry

sitja

sit

klæða sig

get dressed

sofa

sleep

vakna

wake up

athafnir - activities

líta á

look at

gráta

cry

strjúka

stroke

greiða

comb

tala

talk

skilja

understand

spyrja

ask

hlusta

listen

drekka

drink

borða

eat

taka til

tidy up

elska

love

elda

cook

keyra

drive

fljúga

fly

athafnir - activities

sigla

sail

reikna

calculate

lesa

read

læra

learn

vinna

work

giftast

marry

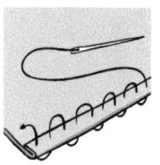

sauma

sew

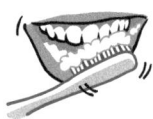

bursta tennur

brush teeth

drepa

kill

reykja

smoke

senda

send

athafnir - activities

amma
grandmother

afi
grandfather

faðir
father

móðir
mother

barn
baby

dóttir
daughter

sonur
son

gestur

guest

frænka

aunt

frændi

uncle

bróðir

brother

systir

sister

líkami
body

enni
forehead
auga
eye
öxl
shoulder
fingur
finger
andlit
face
haka
chin
hönd
hand
fótleggur
leg
brjóst
breast
handleggur
arm

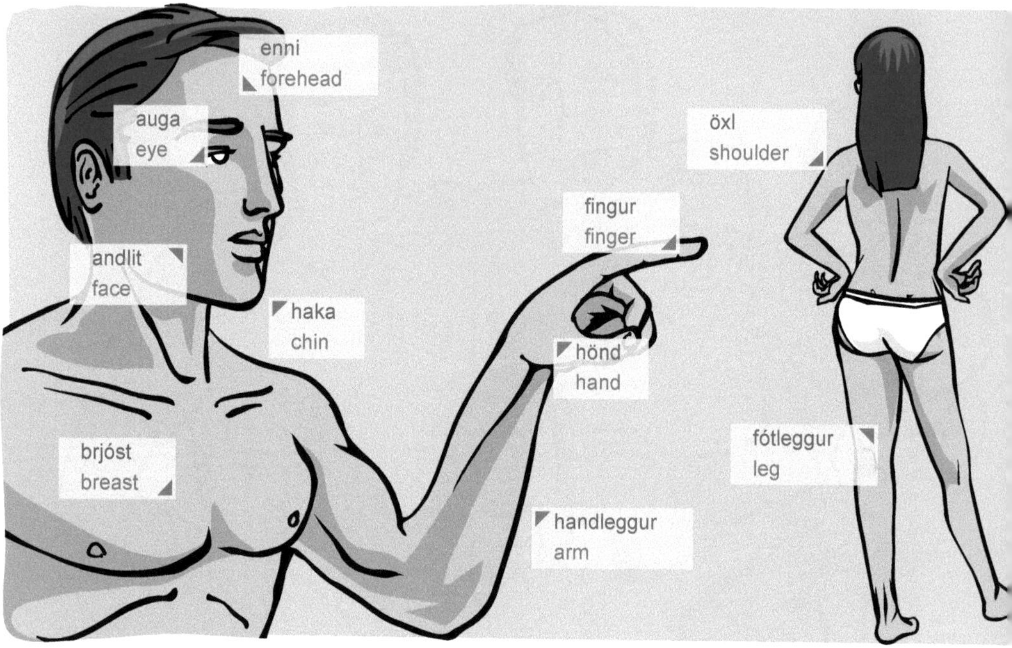

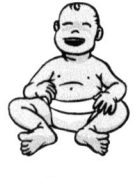

barn

baby

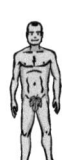

maður

man

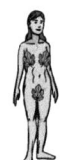

kona

woman

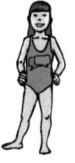

stúlka

girl

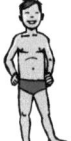

drengur

boy

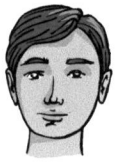

höfuð

head

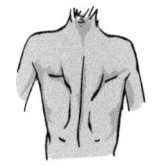

bak
back

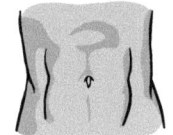

kviður
belly

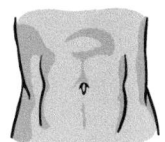

nafli
belly button

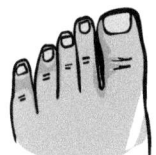

tá
toe

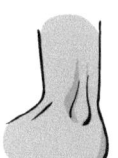

hæll
heel

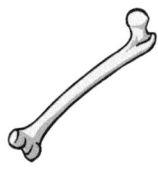

bein
bone

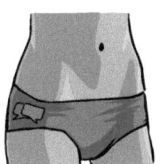

mjöðm
hip

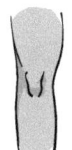

hné
knee

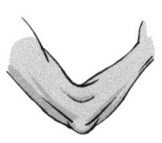

olnbogi
elbow

nef
nose

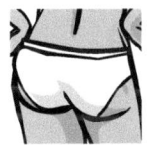

rass
bottom

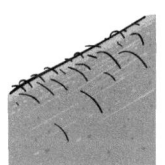

húð
skin

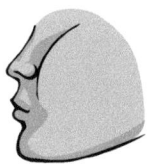

kinn
cheek

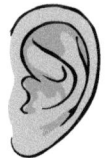

eyra
ear

vör
lip

líkami - body

munnur

mouth

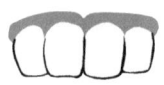

tönn

tooth

tunga

tongue

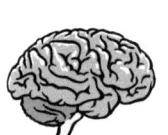

heili

brain

hjarta

heart

vöðvi

muscle

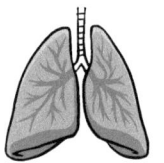

lunga

lung

lifur

liver

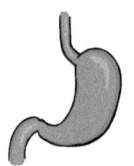

magi

stomach

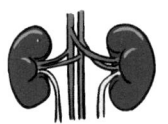

nýru

kidneys

kynmök

sex

smokkur

condom

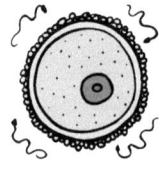

eggfruma

ovum

sæði

semen

ólétta

pregnancy

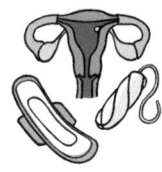

tíðir

menstruation

leggöng

vagina

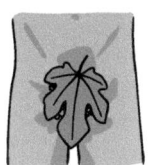

typpi

penis

augabrún

eyebrow

hár

hair

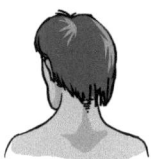

háls

neck

líkami - body

sjúkrahús
hospital

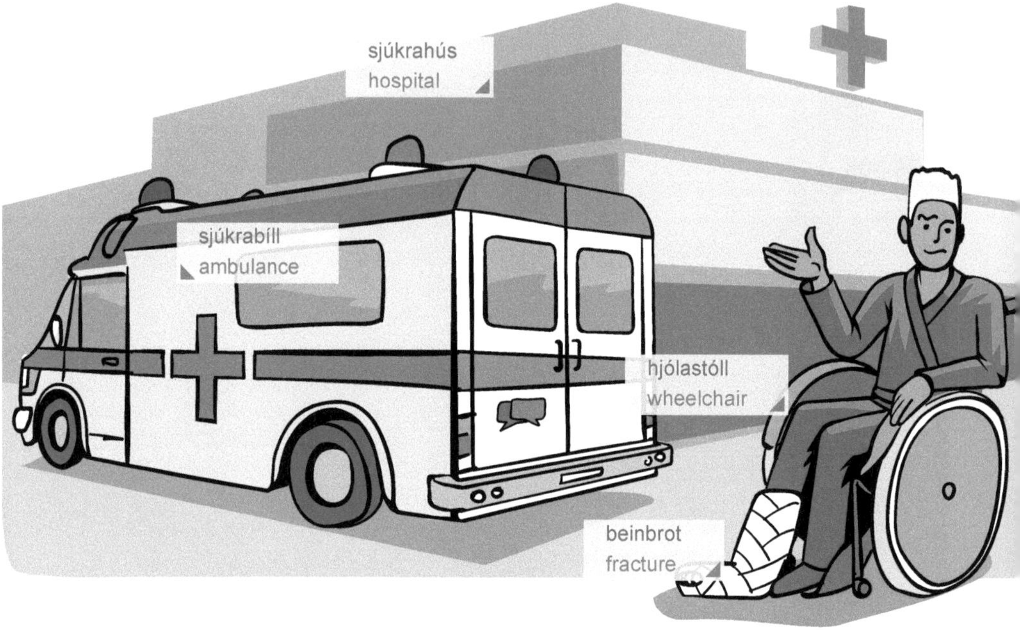

sjúkrahús
hospital
sjúkrabíll
ambulance
hjólastóll
wheelchair
beinbrot
fracture

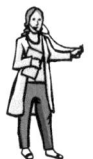

læknir

doctor

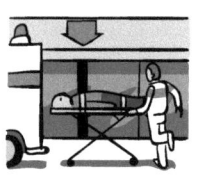

bráðamóttaka

emergency room

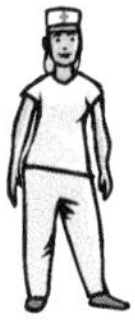

hjúkrunarfræðingur

nurse

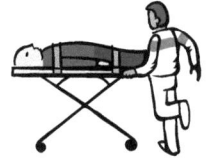

neyðartilvik

emergency

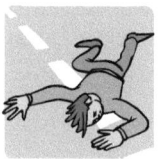

meðvitundarlaus

unconscious

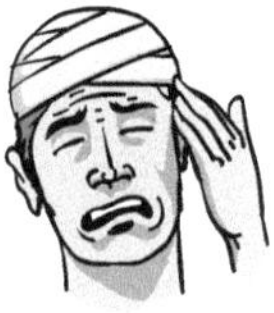

verkir

pain

meiðsli
injury

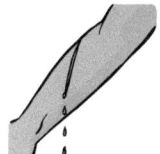

blæðing
bleeding

hjartaáfall
heart attack

heilablóðfall
stroke

ofnæmi
allergy

hósti
cough

hiti
fever

flensa
flu

niðurgangur
diarrhoea

höfuðverkur
headache

krabbamein
cancer

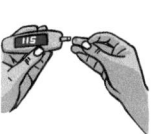

sykursýki
diabetes

skurðlæknir
surgeon

skurðhnífur
scalpel

aðgerð
operation

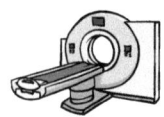

sneiðmyndataka

CT

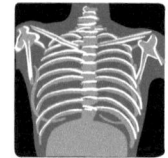

röntgengeisli

x-ray

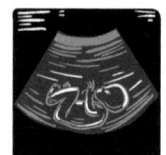

ómskoðun

ultrasound

andlitsgríma

face mask

sjúkdómur

disease

biðstofa

waiting room

hækja

crutch

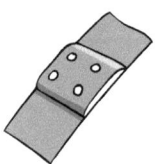

gifs

plaster

sáraumbúðir

bandage

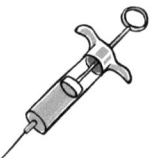

sprauta

injection

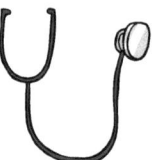

hlustunarpípa

stethoscope

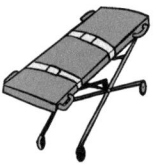

börur

stretcher

líkamshitamælir

clinical thermometer

fæðing

birth

yfirvigt

overweight

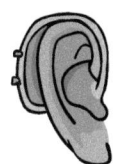

heyrnartæki

hearing aid

sótthreinsiefni

disinfectant

sýking

infection

veira

virus

HIV / AIDS

HIV / AIDS

lyf

medicine

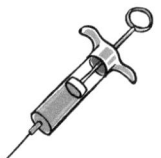

bólusetning

vaccination

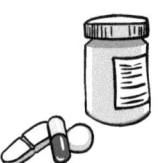

töflur

tablets

pilla

pill

neyðarsímtal

emergency call

blóðþrýstingsmælir

blood pressure monitor

lasinn / heilbrigður

ill / healthy

Hjálp!	viðvörun	líkamsárás
Help!	alarm	assault

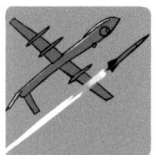		
árás	hætta	neyðarútgangur
attack	danger	emergency exit

Eldur!	slökkvitæki	slys
Fire!	fire extinguisher	accident

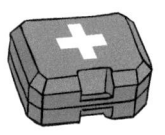		
skyndihjálparbúnaður	SOS	lögregla
first-aid kit	SOS	police

Evrópa

Europe

Norður-Ameríka

North America

Suður-Ameríka

South America

Afríka

Africa

Asía

Asia

Ástralía

Australia

Atlantshaf

Atlantic

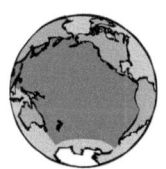

Kyrrahaf

Pacific

Indlandshaf

Indian Ocean

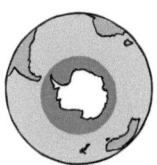

Suður-Íshaf

Antarctic Ocean

Norður-Íshaf

Arctic Ocean

Norðurpóll

North Pole

Suðurpóll

South Pole

Suðurskautslandið

Antarctica

Jörð

Earth

land

land

sjór

sea

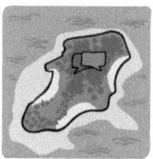

eyja

island

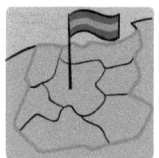

þjóð

nation

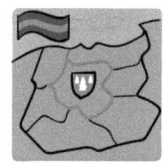

ríki

state

klukkuskífa

clock face

litli vísir

hour hand

stóri vísir

minute hand

sekúnduvísir

second hand

Hvað er klukkan?

What time is it?

dagur

day

tími

time

nú

now

tölvuúr

digital watch

mínúta

minute

klukkustund

hour

vika
week

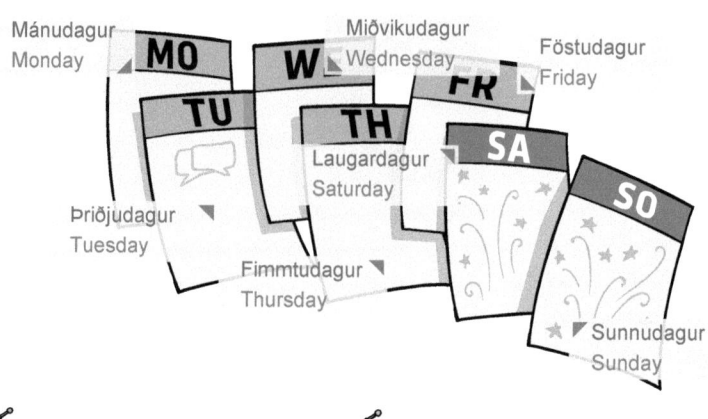

Mánudagur
Monday

Miðvikudagur
Wednesday

Föstudagur
Friday

Þriðjudagur
Tuesday

Laugardagur
Saturday

Fimmtudagur
Thursday

Sunnudagur
Sunday

í gær

yesterday

í dag

today

á morgun

tomorrow

morgunn

morning

hádegi

noon

kvöld

evening

MO	TU	WE	TH	FR	SA	SU
1	2	3	4	5	6	7
8	9	10	11	12	13	14
15	16	17	18	19	20	21
22	23	24	25	26	27	28
29	30	31	1	2	3	4

virkir dagar

business days

MO	TU	WE	TH	FR	SA	SU
1	2	3	4	5	6	7
8	9	10	11	12	13	14
15	16	17	18	19	20	21
22	23	24	25	26	27	28
29	30	31	1	2	3	4

helgi

weekend

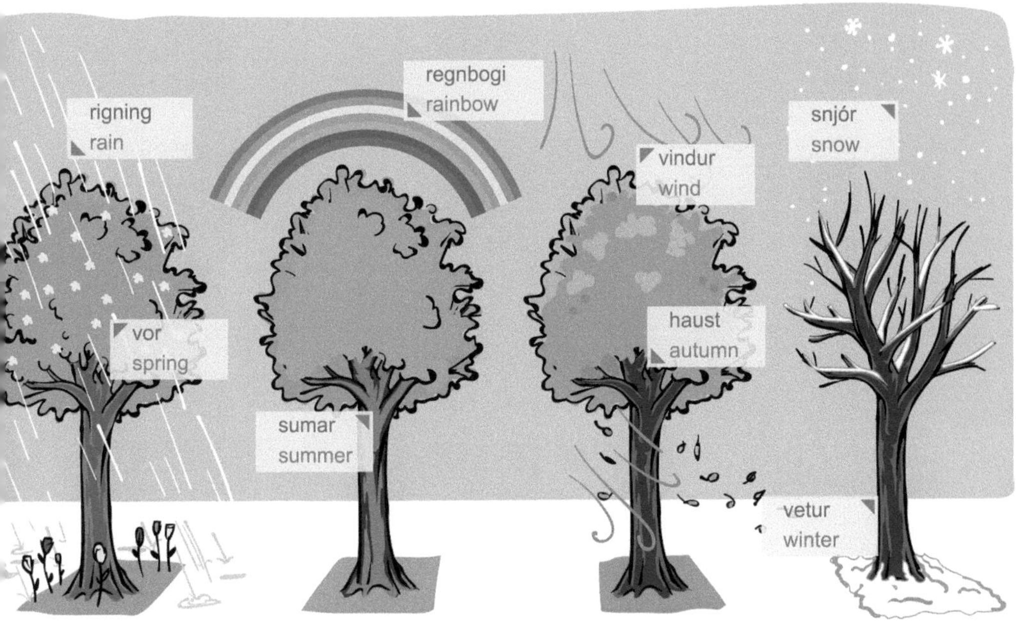

rigning
rain
regnbogi
rainbow
snjór
snow
vindur
wind
vor
spring
haust
autumn
sumar
summer
vetur
winter

4.APRIL 11°
5.APRIL 4°
6.APRIL 13°
7.APRIL 8°
8.APRIL 10°

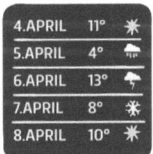

veðurspá

weather forecast

F
C
120
90
60
30
0
-30
40
30
20
10
0
-10
-20

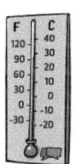

hitamælir

thermometer

sólskin

sunshine

ský

cloud

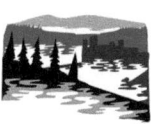

þoka

fog

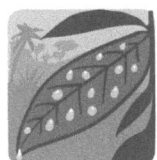

raki

humidity

eldingar

lightning

þrumuveður

thunder

stormur

storm

haglél

hail

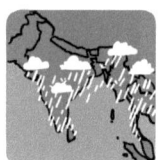

monsún

monsoon

flóð

flood

ís

ice

Janúar

January

Febrúar

February

Mars

March

Apríl

April

Maí

May

Júní

June

Júlí

July

Ágúst

August

ár - year

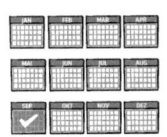

September
September

Október
October

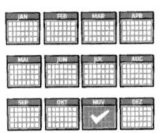

Nóvember
November

Desember
December

hringur
circle

ferningur
square

rétthyrningur
rectangle

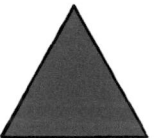

þríhyrningur
triangle

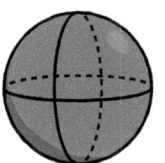

kúla
sphere

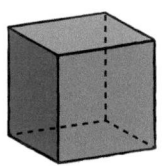

teningur
cube

form - shapes

hvítur

white

gulur

yellow

appelsínugulur

orange

bleikur

pink

rauður

red

fjólublár

purple

blár

blue

grænn

green

brúnn

brown

grár

grey

svartur

black

mikið / lítið
a lot / a little

reiður / rólegur
angry / calm

fallegur / ljótur
beautiful / ugly

upphaf / endir
beginning / end

stór / lítill
big / small

bjartur / dimmur
bright / dark

bróðir / systir
brother / sister

hreinn / óhreinn
clean / dirty

heill / ófullnægjandi
complete / incomplete

dagur / nótt
day / night

dauður / lifandi
dead / alive

breiður / mjór
wide / narrow

ætur / óætur

edible / inedible

vondur / góður

evil / kind

spenntur / leiður

excited / bored

feitur / mjór

fat / thin

fyrstur / síðastur

first / last

vinur / óvinur

friend / enemy

fullur / tómur

full / empty

harður / mjúkur

hard / soft

þungur / léttur

heavy / light

svangur / þyrstur

hunger / thirst

lasinn / heilbrigður

ill / healthy

ólöglegur / löglegur

illegal / legal

greindur / heimskur

intelligent / stupid

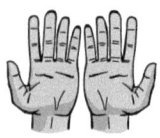

vinstri / hægri

left / right

nálægur / fjarlægur

near / far

nýr / notaður

new / used

ekkert / eitthvað

nothing / something

gamall / ungur

old / young

kveikt / slökkt

on / off

opna / loka

open / closed

Lágvær / hávær

quiet / loud

ríkur / fátækur

rich / poor

rétt / rangt

right / wrong

grófur / sléttur

rough / smooth

orgbitinn / hamingjusamur

sad / happy

stutt / lengi

short / long

hægt / hratt

slow / fast

blautur / þurr

wet / dry

heitur / kaldur

warm / cool

stríð / friður

war / peace

andstæður - opposites

0

núll

zero

1

einn

one

2

tveir

two

3

þrír

three

4

fjórir

four

5

fimm

five

6

sex

six

7

sjö

seven

8

átta

eight

9

níu

nine

10

tíu

ten

11

ellefu

eleven

12

tólf
twelve

13

þrettán
thirteen

14

fjórtán
fourteen

15

fimmtán
fifteen

16

sextán
sixteen

17

sautján
seventeen

18

átján
eighteen

19

nítján
nineteen

20

tuttugu
twenty

100

hundrað
hundred

1.000

þúsund
thousand

1.000.000

milljón
million

Enska

English

Amerísk enska

American English

Mandarin-kínverska

Chinese Mandarin

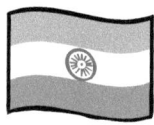

Hindí

Hindi

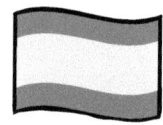

Spænska

Spanish

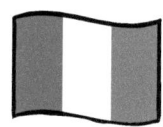

Franska

French

Arabíska

Arabic

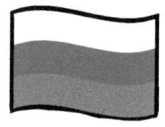

Rússneska

Russian

Portúgalska

Portuguese

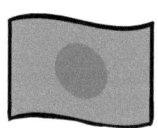

Bengali

Bengali

Þýska

German

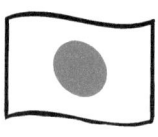

Japanska

Japanese

ég

I

þú

you

hann / hún / það

he / she / it

við

we

þú

you

þeir

they

hver?

who?

hvað?

what?

hvernig?

how?

hvar?

where?

hvenær?

when?

nafn

name

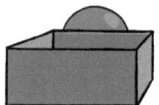

bakvið

behind

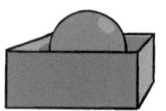

í

in

fyrir framan

in front of

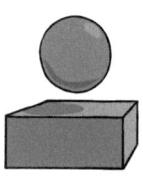

yfir

over

á

on

undir

under

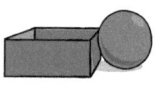

við hliðina

beside

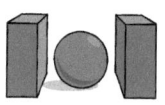

milli

between

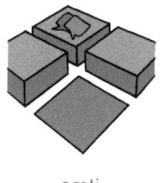

sæti

place